Andreas Erlenburg Haar so weich wie Samt

AF215003

Andreas Erlenburg

Haar so weich wie Samt

Erotische Haiku

© 2019 Andreas Erlenburg

Herstellung und Verlag: BoD – Books on Demand,

Norderstedt

Printed in Germany

ISBN 978-3-748159599

Vorwort

Liebe und Erotik sind in der menschlichen Natur fest verankert und ständiger Bestandteil unseres Lebens. Was also liegt näher, als sich diesen Themen in Form der japanischen Naturgedichtform Haiku zu widmen, die auf drei Zeilen Momentaufnahmen in unserer Umwelt mit dem Silbenrhythmus 5-7-5 beschreibt?

Nun gibt es zwar Bücher mit Haiku zum Thema Liebe, nicht jedoch zur Erotik. Aber macht nicht gerade sie die Liebe zu einem prickelnden Erlebnis, lösen nicht kleine Gesten und Bilder im Alltag die emotionalen Gefühle aus, die schließlich in der Liebe zwischen zwei Menschen münden?

Bedauerlicherweise gibt es heutzutage viele Texte, die sich der Erotik auf eine sehr derbe Weise annehmen und die den Geschlechtsakt an sich in ihren Mittelpunkt stellen. Dabei wird jedoch übersehen, dass die erotische Wahrnehmung bereits lange vorher einsetzt und es ihrer Wirkung zu verdanken ist, wenn sich schließlich zwei Menschen soweit annähern, dass sie den letzten Schritt zur Vereinigung gehen wollen.

Mit dem vorliegenden Band wird eine Fülle an Haiku veröffentlicht, die sich mal mehr und mal weniger subtil des Themas ‚Erotik' annehmen. Letztlich widmen aber auch sie sich dem Thema ‚Liebe', wenngleich sie sich ihm aus einem anderen Blickwinkel nähern.

Ich hoffe, dass Sie Gefallen an dieser etwas anderen Herangehensweise haben werden und wünsche viel Spaß beim Lesen!

Herzliche Grüße
Andreas Erlenburg

Das kurze Röckchen
einer Rad fahrenden Frau
lässt den Slip blitzen.

***

Dünner, weißer Stoff
bedeckt deinen schwarzen String
beim Einkaufsbummel.

***

Ein feuriger Blick
der schwarzhaarigen Schönheit
weckt Träume in mir…

***

Es blitzen Brüste
im fahlen Schein des Mondes.
Leise rauscht das Meer.

***

Am Boden kniend,
ich zwischen deinen Beinen,
dich sanft verwöhnend…

***

Langlauf der Frauen,
die Kamera zoomt heran.
Wippende Brüste.

***

Still ruh' ich bei dir,
lass dich meine Haut spüren
- schon wird dein Slip feucht...

***

Es strahlt dein Gesicht
nachdem du gekommen bist
und dein Slip feucht ist.

***

Du gibst dich lasziv
zum Zwecke der Verführung.
Ich werde zu Wachs.

***

Dort bei den Blüten

hast du mich zu Wachs gemacht

in deinen Armen…

***

Hochgeschlitztes Kleid,

beim Sitzen klafft es weit auf.

Entzückte Blicke.

***

Der Frühling scheidet,

die Natur verändert sich,

meine Liebe nicht!

***

Verlangender Blick
nach körperlicher Nähe.
Mein Penis wird steif.

***

Rosen auf dem Slip
bewachen dein Lustloch.
Ganz ohne Dornen.

***

Ein zärtlicher Biss
in deinen linken Nippel
lässt dich aufstöhnen…

***

Sex im Freien (Haiku-Trilogie)

1.

Sommerlicher Wald
- einander Händchen haltend
Schreiten wir dahin.

2.

Du hebst deinen Rock,
kein Slip bedeckt dein Geschlecht
- Angebot zum Sex.

3.

Reglose Bäume,
heftiges Stöhnen von uns.
Ein Reh schaut uns zu.

***

Sex am Telefon:

Nach dem Klingeln wird gestöhnt

- manchmal macht es Spaß!

***

Genug vom Küssen,

dich gelüstet jetzt nach mehr.

Schon fällt die Kleidung.

***

Unter dem T-Shirt

sieht man deutlich den BH.

Die Nippel sind steif.

***

Ihr Slip ist ganz feucht,
ihre Fantasie geht durch,
dreht sich nur um Sex...

***

Spaziergang im Wald,
meine Hand streichelt den Po
unter ihrem Rock.

***

Sein Rohr ragt empor,
zittert vor wilder Wolllust
bei ihrem Anblick.

***

Noch ist der Slip an
als ihre letzte Hülle,
doch er wird fallen…

***

Keck blitzen Nippel
unter dünnem Blusenstoff
- kein Büstenhalter!

***

Eiswürfel schmelzen,
ihr Wasser auf deiner Haut
lässt dich scharf werden.

***

Orale Freuden
sind das Salz der Leidenschaft,
jedoch nur mit dir!

***

Mein Glied wird ganz steif
beim Anblick deiner Brüste,
und dann wird es feucht...

***

Ein Spiel mit Fingern,
ihr Saft läuft auf den Boden
wie ein Wasserfall!

***

Ich komme in dir,

Mösenduft breitet sich aus,

dazu Spermaduft…

***

Kampfbetontes Spiel,

das Tennisröckchen fliegt hoch,

offenbart den Slip…

***

Hübsche Blondine,

dein Blick lässt mich geil werden,

spannt meine Hose…

***

Ein sanftes Vorspiel,
dein Geschlecht nass vom Geilsaft,
will mein Glied in sich.

***

Blutrote Lippen,
hingebungsvolles Saugen,
ich bin nur noch Wachs…

***

Einst die graue Maus,
nun Star an der Tanzstange.
Verehrer zuhauf.

***

Ein perfekter Dutt
macht die junge Frau älter,
doch auch attraktiv.

***

Stille umgibt mich,
flinke Hände massieren
den verspannten Leib.

***

Waldesruh ringsum,
meine Finger massieren
dein heißes Geschlecht…

***

Schweiß auf dem Gesicht,

erschöpft und doch so glücklich

nach dem Liebesakt.

***

Du greifst den Rocksaum,

lässt ihn langsam hoch wandern,

enthüllst deinen Slip…

***

Gemähter Rasen,

nun machst du bei dir weiter.

Rasur des Geschlechts.

***

Tiefblaue Augen,
mein Geist versinkt in ihnen.
Ich gebe mich hin.

***

Gleich einem Vorhang
Rutscht dein Rock immer höher
und die Show beginnt...

***

Dein Rocksaum rutscht hoch,
enthüllt die Bühne der Lust
gleich einem Vorhang.

***

Intensiver Flirt,
dein geheimes Bühnenbild
wird heut noch bespielt…

***

Dein Stöhnen ist laut,
denn Finger bespielen dich
an der Klitoris.

***

Eines Mannes Hand
gleitet sanft in deinen Slip,
spielt mit der Muschi.

***

Du flirtest mit mir,

heftig und ganz ungeniert,

zeigst dabei viel Haut…

***

Was für ein Vorbau!

Magischer Anziehungspunkt

für meine Augen.

***

Alles kann, nichts muss:

Ein hehrer Leitspruch für uns,

erhöht das Kribbeln…

***

Zwangloses Treffen,
wir reden und scherzen viel
und landen im Bett...

***

Was für einen Slip
verbirgt wohl der kurze Rock
meiner Friseurin?

***

Die Nacht bricht herein,
das Liebespaar merkt es nicht,
rhythmisch knarrt das Bett...

***

Wildes Verlangen,

mich dürstet nach Liebessaft

aus deiner Grotte…

***

Welch praller Anblick

schimmert aus dem Dekolletee,

lässt Herzen träumen.

***

Auf deiner Schulter

sieht man den BH-Träger.

Schöner Farbkontrast.

***

Am kleinen Bachlauf
genießen wir unsren Traum
von freier Liebe.

***

Schwere Erkältung,
nun ist sie überstanden
- Gier nach wildem Sex.

***

Erst heiße Küsse,
dann hebst du den Rock für mich.
Lustschreie im Wald.

***

Sichtbare Kontur,

der Slip hebt sich deutlich ab,

weckt Fantasien.

***

Sanft rauscht die Dusche,

läuft Wasser an uns herab

während wir bumsen.

***

Tief dringe ich ein,

Lustschreie begleiten mich

bei unserem Akt.

***

Hoch reckst du den Po,

verführerisch anzusehn,

so dass ich mehr will...

***

Seidigweiches Haar

gleitet sanft durch meine Hand,

entfacht Gelüste.

***

Ein Meer von Rosen

bedeckt den Stoff des Schlüpfers,

ohne zu stechen.

***

Lippen verschmelzen,

Blitze zucken durch Köpfe,

die Zeit bleibt stehen.

***

Heiß glüht mein Kolben,

sehnt sich nach deinen Lippen,

die so gut saugen.

***

Wandernde Hände

von den Brüsten bis zum Po,

gleich bei der Möse.

***

Wildes Verlangen,

Zerren an deiner Bluse.

Plötzlich reißt der Stoff.

***

Heftiges Küssen,

dein Leib verlangt Erfüllung.

Tastende Hände.

***

Zwei harte Nippel,

verräterische Zeichen,

Zeugen deiner Lust.

***

Welch lieblicher Duft
steigt auf von deinem Geschlecht,
mir in die Nase.

***

Glänzende Nässe
schimmert aus deinem Geschlecht
im Schein des Mondes.

***

Beim Kuss der Möse
atme ich den Liebesduft
deiner Weiblichkeit.

***

Hauchdünne Hose,

keine Sliplinie sichtbar:

Trägst du kein Höschen?

***

Du, im langen Rock

unter Minirockträgern,

ziehst mich magisch an.

***

Feuchte Lustspalte,

Geruch von eigener Lust.

Erregung packt sie.

***

Innige Küsse,

lächelnd hebst du den Rock hoch.

Einsamer Waldweg.

***

Tief im dunklen Wald

entblößt du deine Brüste.

Siegesgewissheit.

***

Frau im Minirock,

sanft hebt der Wind den Rock an,

gibt die Schenkel preis.

***

Du nimmst Platz im Zug,
der Rock verfängt sich am Sitz.
Mein flüchtiger Blick.

***

Lustig schwingt der Rock,
umschmeichelt deine Beine,
fesselt meinen Blick.

***

Langsam fällt der Slip,
es erscheinen Schamhaare,
reizvoll altmodisch.

***

Sanft wippt der Busen,

kein Kleidungsstück engt ihn ein.

Unbekümmertheit.

***

Wildes Begehren,

nackt liegen wir beisammen.

Deine Hand wandert…

***

Nackt und glattrasiert

offenbart sich dein Geschlecht.

Lusttropfen perlen.

***

Auf der Rolltreppe
verdeckt der kurze Rock nichts.
Schlichter Slip in Weiß.

***

Flaches Gewässer,
zwei Menschen im kühlen Nass,
nackt und sich liebend.

***

Die Uferschwalbe,
misstrauisch beäugt sie uns,
beim Liebemachen.

***

Gänse am Himmel,

Schmetterlinge im Bauch,

Ekstase im Sinn.

***

Es singen Spatzen,

ich streichle deine Brüste,

Lippen treffen sich.

***

Es weht der Lenzwind,

meine Hand tastet sich vor,

sucht die Lustgrotte.

***

Laut ruft ein Kuckuck,
weit spreizt du deine Beine
tief im grünen Busch.

***

Ein Schmetterling,
blind für unsere Nacktheit,
unser Liebesspiel.

***

Laut summen Bienen,
deine Blume wird bestäubt
von meinem Stachel.

***

Heiß brennt die Sonne,
meine Leidenschaft brennt auch
bei deinem Anblick.

***

Es glänzt die Sonne,
ich küsse die Schamlippen
unter deinem Rock.

***

Schöner Liebesakt,
unter blauem Himmelszelt
auf der grünen Alm.

***

Sonne am Himmel,

Sekt in deinem Bauchnabel,

Feuchtigkeit im Slip.

***

Gitarrenklänge,

nackt spielst du deine Leder.

Brustwippen im Takt.

***

Mein Stachel in dir,

große Wallung erfasst dich,

laut schreist du vor Lust.

***

Zwei nackte Menschen,

vereinigt im Liebesspiel,

berauscht von der Lust.

***

Es kneift ihr Höschen,

ganz diskret richtet sie es.

Schamhafter Rundblick.

***

Gespreizte Beine,

Lusttropfen auf der Spalte:

Bereit zum Empfang.

***

Keck und altmodisch
präsentiert sich die Spalte
mit ihrem Schamhaar.

***

Tief fahre ich ein,
spüre Hitze und Nässe
an meinem Lustspeer.

***

Lippen auf Lippen,
im Mund wilder Zungentanz,
lüstern und fordernd.

***

Große Mattigkeit,

gegurrte Zufriedenheit

befriedigte Lust.

***

Aufwühlende Lust,

ein Tautropfen im Schamhaar,

die Ekstase naht.

***

Feucht glänzt dein Schamhaar,

sanft im Kerzenschein schimmernd,

von Hitze umschwebt.

***

Ein Hauch von Seide,

Lust lässt deinen Saft strömen.

Rasch durchnässter Stoff.

***

Großer feuchter Fleck,

den Stoff nach dem Sex zeichnend.

Verräterisch schön.

***

Streicheln der Brüste,

schon fließt aus dir der Lustsaft,

durchnässt deinen Slip.

***

Dein Rock wird länger,
die Strumpfhose kommt hinzu
- eisiger Herbstwind.

***

Hauchzarte Nylons:
Beim Abstreifen des Höschens
knistern die Strümpfe.

***

Haar, so weich wie Samt,
streichelt meine blanke Brust,
elektrisiert mich.

***

Lust überkommt mich,

mein Glied ragt steil nach oben,

wünscht sich Entspannung.

***

Plötzliche Stille:

Nach dem wilden Liebesakt

erschöpftes Kuscheln.

***

Übermut beim Wind,

sanft zupft er am kurzen Rock

einer jungen Frau.

***

Wilde Lust entflammt,

lässt dich von Liebe träumen.

Dein Geschlecht wird feucht.

***

Süß und bezaubernd

- dein Anblick lässt mich träumen,

mein Glied erigiert.

***

Herrliche Brüste,

groß wie reife Melonen!

Sanft knete ich sie.

***

Gespreizte Beine,

zwei Leiber aufeinander

- heiße Ekstase!

***

Du trägst enge Jeans.

Die Pobacken schaukeln sanft

bei deinen Schritten.

***

Die Beine sind schön,

dazu die großen Brüste

- Männer mögen dich.

***

Deine enge Jeans
bringt den Po gut zur Geltung,
weckt Lustgefühle.

***

Lustig schwingt dein Rock,
lenkt den Blick auf deinen Po.
Lüsterne Blicke.

***

Ein blanker Busen
zieht Blicke magnetisch an,
lässt Männer träumen.

***

Intuitives Handeln (Haiku-Oktett)

1.

Langes, blondes Haar,

blaue Jeansjacke am Leib,

Po in enger Jeans.

2.

Mein Blick wird lüstern,

du erwiderst ihn charmant.

Fühlbares Kribbeln.

3.

Plaudernd im Café,

die Luft ringsum knistert.

Sex liegt in der Luft.

4.

Wir einigen uns:

Es geht in meine Wohnung.

Endlich ungestört.

5.

Stürmische Küsse,

fieberhaftes Entkleiden

- es regiert die Lust.

6.

Das Bett ist so fern,

das Sofa wird sein Ersatz.

Schöner, erster Akt!

7.

Jetzt geht es ins Bett.

Weitere Akte folgen.

Eine heiße Nacht.

8.

Frühstück am Morgen,

die Stunde des Abschieds naht.

Entwickelt sich mehr?

***

Lieblicher Anblick,

sanft kräuselt sich dein Schamhaar

vor der Lustgrotte.

***

Der Rasierer summt,

verrichtet seine Arbeit.

Still fällt das Schamhaar.

***

Ein kühler Windzug:

Sanft streicht er über die Haut,

lindert die Hitze.

***

Testlauf - (Haiku-Pentalogie)

1.

In einem Sexshop,
Anprobe von Reizwäsche.
Wird sie gefallen?

2.

Öffnen des Vorhangs,
aus der Kabine tretend,
nur in Reizwäsche.

3.

Spürbare Blicke,
knisternde Atmosphäre.
Jeder starrt mich an.

4.

Lüsterne Männer,

erregt von meinem Anblick.

Gier in den Augen.

5.

Die Wäsche kommt an,

dann wohl auch bei meinem Mann.

Große Vorfreude.

***

Die Sonne brennt heiß.

Ein angenehmer Windhauch

streift die nackte Haut.

***

Am Nacktbadestrand

seh ich eine hübsche Frau.

Peinlicher Ständer.

***

Dein Augenaufschlag

lässt mich vor Lust erzittern.

Die Traumfrau will mich…

***

Deine enge Shorts
steckt tief in der Pospalte.
Die Umwelt verblasst.

***

Dein Slip sitzt arg stramm,
betont sehr die Pobacken.
Lust überkommt mich.

***

Es leuchtet dein Slip
in des Abends Dämmerung.
Verführung am See.

***

Aufreizender String,

umrahmt von schwarzen Strapsen.

Mann mit Schnappatmung.

***

Im dänischen Sand,

verborgen hinter Strandgras.

Wir treiben es wild.

***

In der Straßenbahn

ein zufälliges Treffen.

Rhythmisch knarrt das Bett

***

Sanfter Kerzenschein
beleuchtet das Wohnzimmer
und den Liebesakt.

***

Verrat vom Körper!
Die ausgebeulte Hose
verrät meine Lust.

***

Frecher Bikini,
kaum die Brüste verhüllend.
Mir stockt der Atem.

***

Nackt sind die Brüste,

das Höschen ist nur ein String.

Junge Strandmode.

***

Hand in Hand am Strand,

durch weichen Sand schreitend.

In Liebe vereint.

***

In deinen Armen

fühle ich mich geborgen.

Liebe als Schutzwall.

***

Es weht starker Wind!

Plötzlich hebt er deinen Rock

- kein Slip darunter!

***

Du sollst glücklich sein,

drum erfüll ich jeden Wunsch.

Ich wünsch mir Liebe.

***

An dich gekuschelt

sehe ich mir den Film an.

Gelebte Liebe.

***

Unter dem BH

schimmern die dunklen Nippel.

Leise tickt die Uhr

***

Reizvolle Dessous,

weißer Stoff auf dunkler Haut:

Nur die Liebe zählt.

***

Zu enger BH,

die Brüste quellen hervor

Starrende Augen.

***

Keine Kondome,

doch die Lust übermannt uns.

Spiel mit dem Feuer.

***

Heiße Liebkosung,

langsam wird dein Höschen feucht.

Wildes Verlangen.

***

Welch knackiger Po!

Ich beginne zu träumen.

Schöner Augenblick.

***

Mein Herz ist einsam,

dann sehe ich die Traumfrau.

Wildes Herzrasen

***

Sie sitzt auf der Bank,

hält nichts von Anstandsregeln.

Gespreizte Beine.

***

Knapper Bikini,

Enthüllung durch Verhüllung.

Blickfang für Männer.

***

Das Keuchen nimmt zu,

die Läuferin überholt.

Wippende Brüste.

***

Gemähter Rasen,

nun machst du bei dir weiter.

Rasur der Beine.

***

Ein gehauchtes ‚Nein'

hallt wie ein glückliches ‚Ja'.

Bettfedern quietschen.

***

Langlauf der Frauen,

im Takt wippende Brüste.

Manche sind sehr klein.

***

Breitbeiniger Sitz,

kurz blitzt der weiße Slip auf.

Ein tiefer Einblick

***

Ich werde geküsst,

als Zeichen deiner Liebe.

Meine Hose fällt.

***

Das Haupthaar der Frau
bedeckt ihren ganzen Po.
Ein seidiger Glanz.

***

In nuttigem Dress
geht die Frau auf die Straße.
Vamp auf Männerfang.

***

Sanft kreist die Zunge,
Feuchtigkeit hinterlassend,
auf deinen Brüsten.

***

Ich liebe Strapse,
zeige das gerne und oft.
Bonbon für Männer.

***

Ein heißer Feger
quert Po wackelnd die Straße.
Die enge Jeans spannt.

***

Ihre enge Jeans
befeuchtet meine Träume.
Unruhiger Schlaf.

***

Der Fahrstuhl hält an,
darin regiert pure Lust.
Unverhoffter Sex.

***

Sonne am Himmel,
Sekt in deinem Bauchnabel,
eine feuchte Scham.

***

Busreise ans Meer,
alle sind am vollen Strand.
Wir bumsen im Bus.

***

Weit klafft dein Rock auf,
offenbart schöne Beine.
Mein Mund wird trocken.

***

Früher graue Maus,
heute ein Tabledancestar.
Strumpfband voller Geld.

***

Schwarz schimmert der String
unter der weißen Hose
aus sehr dünnem Stoff.

***

Die Hüften wackeln,

weil du mich verführen willst.

Dein Sieg ist nahe!

***

Nackt gehst du zum Schrank,

bückend entnimmst du etwas.

Dein Loch glänzt rosig.

***

Ein Morgen im Mai,

prächtiger Sonnenaufgang.

Erhitzte Körper.

***

Zwei frisch Verliebte

lassen der Lust freien Lauf

tief im grünen Wald.

***

Du trägst keinen Slip

trotz deines kurzen Röckchens.

Auf Verführungskurs.

***

Männerparadies:

Hohe Stöckelschuhdichte

in Sankt Petersburg.

***

Die Natur erwacht,
Frühlingsgefühle herrschen.
Im Banne einer Frau.

***

Man riecht den Frühling,
Pheromone in der Luft.
Sehnsucht nach Liebe.

***

Wippende Brüste,
unten kneifen die Höschen.
Start beim Frauenlauf.

***

Das Wasser perlt ab
von deinem Badeanzug.
Harte Brustspitzen.

***

Roter Bikini,
vom Höschen perlt Wasser ab.
Manchem Mann wird heiß.

***

Der Wind zaust ihr Haar,
ich möchte es ihm gleichtun.
Der Wind als Kuppler.

***

Unter dünnem Stoff
wölbt sich deutlich dein Gesäß.
Mir ist plötzlich heiß.

***

Du bist gut gebaut,
straffe Schenkel, strammer Po.
Atemberaubend.

***

Auf dem Wochenmarkt
bist du mir aufgefallen.
Hübsche Melonen!

***

Dein geiler Hintern
erweckt in mir heiße Lust.
Die Hose spannt sich.

***

Wie in alter Zeit:
die behaarte Lustgrotte
lässt Säfte steigen.

***

Aufreizender String
an gertenschlanker Schönheit.
Mann mit Schnappatmung.

***

Im Sand der Dünen
geben wir uns der Lust hin.
Gefühl von Freiheit.

***

Sie liegt auf dem Bett,
ganz nackt, sich lasziv räkelnd.
Sie wartet auf mich.

***

Nackt auf meinem Bett
Zeigt sie sich lasziv räkelnd.
Verlangender Blick

***

Am frühen Morgen,

Joggerin mit engen Shorts.

Ein strammes Gesäß.

***

Zwei nackte Leiber,

laut stöhnend, eng umschlungen,

beglücken sie sich.

***

Junge Frau im Rock,

ihr Schlüpfergummi gibt nach.

Der Slip fällt herab.

***

Peinlich, peinlich! (Haiku-Heptalogie)

1.

Trüber Sommertag,

das Einkaufszentrum ist voll.

Shoppen statt Schwimmbad.

2.

Eine junge Frau

schlendert zu den Rollreppen.

Ein Schuhgeschäft lockt.

3.

Fröhlich wippt der Rock,

der nur knapp den Po bedeckt.

Gaffende Alte.

4.

Auf der Rolltreppe

passiert ihr dann ein Malheur:

Ihr Slipgummi reißt!

5.

Der Slip rutscht herab,

bedeckt nun ihre Knöchel.

Schimpfende Alte.

6.

Sie hebt den Slip auf,

man sieht ganz kurz ihr Geschlecht.

Rasch eilt sie davon.

7.

Die Alten toben,

die jungen Leute grinsen.

Der Tag hellt sich auf.

***

Spaziergang im Herbst,
deine Nippel sind ganz hart.
Kälte oder Liebe?

***

Wippende Brüste
während deines wilden Ritts
schüren meine Lust.

***

Haar, so sanft wie Samt,
berührt sanft die bloße Haut
- wohliger Schauer.

***